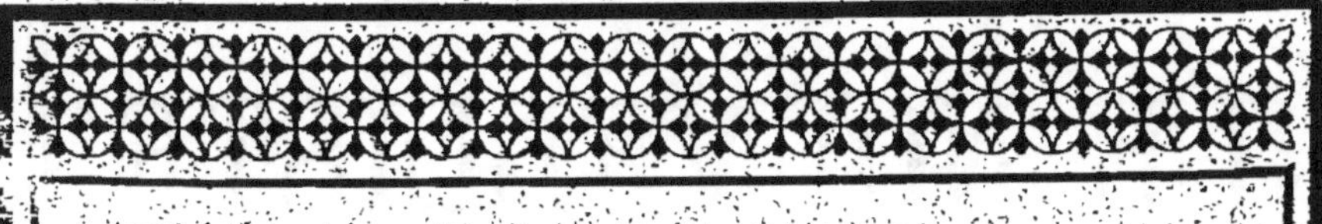

La France et le Canal de Panama

LE

PORT DE LA POINTE-A-PITRE

par

Adolphe LARA — Armand RAIMOND
Raphaël WACHTER

(avec Préfaces de MM. F. RENÉ-MÉVEL et Maurice DARCHICOURT, de Colonia-Club).

Colonia, 57, Avenue de Suffren, Paris

1913

La France et le Canal de Panama

LE

PORT DE LA POINTE-A-PITRE

par

Adolphe LARA - Armand RAIMOND

Raphaël WACHTER

(avec Préfaces de MM. F. RENÉ-MÉVEL et Maurice DARCHICOURT, de Colonia-Club).

Colonia, 57, Avenue de Suffren, Paris

1913

POUR LA GUADELOUPE

Nos compatriotes résidant à la Guadeloupe, la Martinique et la Guyane que l'on appelle « les vieilles colonies » ont éprouvé une douloureuse surprise en voyant l'effort de la France se porter avec une préférence nettement marquée vers les colonies nouvelles telles que Madagascar, l'Indo-Chine et le Maroc semblant justifier ainsi le dicton « Tout nouveau, tout beau ».

C'est avec regret qu'ils ont vu s'engouffrer des millions dans des entreprises quelquefois très aléatoires, alors que la Guadeloupe, la Martinique et la Guyane demandent en vain le secours de la métropole pour des entreprises d'intérêt général dont la nécessité se fait cruellement sentir. Quand, par extraordinaire, le secours de la métropole leur est accordé il l'est de façon tellement insuffisante qu'il est plus nuisible qu'utile ne permettant qu'un effort restreint voué à la stérilité.

Aujourd'hui la Martinique et la Guadeloupe ont une raison majeure pour exiger enfin de la métropole une aide sérieuse leur permettant de profiter de la situation nouvelle créée par l'ouverture prochaine du canal de Panama.

On est douloureusement surpris de constater les efforts énormes que ces colonies sont dans l'obligation de faire pour amener les pouvoirs publics à s'intéresser à leur sort et les mettre à même de réaliser les bénéfices que leur situation sur le passage que cette grande route mon-

diale peut leur permettre d'en attendre alors que
les gouvernements étrangers ayant des colonies
dans ces mêmes parages font tous leurs efforts
pour en activer l'aménagement.

La Pointe-à-Pitre, le principal port de la Guadeloupe, est doté par la nature d'une situation des
plus avantageuses qui lui permet de se prêter
merveilleusement à l'aménagement moderne dont
on peut et on doit la gratifier. Le Conseil Général de la Guadeloupe devançant les pouvoirs publics a su s'imposer de lourds sacrifices en indi-
quant ainsi la voie dans laquelle nous espérons
qu'il sera suivi. Les opinions désintéressées men-
tionnées dans la brochure de M. Adolphe Lara
écartent définitivement toute idée de parti-pris
en faveur de ce port et lorsqu'on a lu ce qu'écri-
vaient des marins d'une compétence reconnue,
absolument en dehors des contingences du moment, alors qu'il n'était pas question de l'aménagement du port, l'on comprendra quelle faute
grave l'on commettrait si l'on dédaignait ces
conseils et si l'on se refuse à profiter de cette
occasion unique de créer pour la France aux
Antilles un port digne de cette grande nation
commerciale.

Tour à tour du Poyet (1728), le capitaine de
génie des Clieux (1740), l'ingénieur de la marine
Bellere (1759), de Trobiant (1763), l'amiral anglais G. Beckwitk (1810), l'amiral Touchard
(1858), Melvil-Bloncourt, le contre-amiral Ribell, Thomasset, Gaspary et Bouquet de la Grye,
firent ressortir la valeur, l'importance et les conséquences heureuses que l'aménagement du port
de la Pointe-à-Pitre pourrait avoir pour l'île et
pour la France.

Plus près de nous, en 1891, M. Guillaume-

Louis, puis en 1902 l'amiral Servan, enfin en 1904 l'amiral Boué de Lapeyrère, reconnaissaient la valeur de la Pointe-à-Pitre et sa supériorité sur Fort-de-France.

En présence de ces opinions concordantes qui émanent de techniciens et d'hommes peu suspects de partialité, au moment où tout retard peut anéantir à jamais tant d'espérances si fondées, est-il encore possible d'attendre, d'hésiter?

Les auteurs de la brochure estiment que non et saisissent le grand public de la question. Il y va de l'intérêt commercial de la France et de l'avenir d'une de nos plus belles colonies.

On ne saurait donc trop féliciter MM. Adolphe Lara, Armand Raimond et Raphaël Watcher de l'intéressant effort qu'ils font en faveur de la Guadeloupe en publiant une brochure qui pose la question en entier sur son véritable terrain, celui de l'intérêt général, qui, en la circonstance, se trouve intimement lié avec l'avenir et le développement de la Guadeloupe trop longtemps méconnue, trop longtemps délaissée. On oublie que la Guadeloupe n'est restée française que grâce au courage et au dévouement de ses habitants et qu'elle est un pays en plein développement, en pleine prospérité, et que ce développement et cette prospérité peuvent, en la circonstance, augmenter encore, car la Guadeloupe est un pays riche, possédant des ressources agricoles et industrielles qui font qu'elle deviendra un poste de ravitaillement important lorsque le canal de Panama sera ouvert au mouvement mondial.

Faisant plus, M. Adolphe Lara, délaissant ses intérêts personnels, a entrepris de venir en France pour y faire connaître par la plume et par la parole les desiderata de son pays. Puisset-il trouver auprès de tous ceux qui ne se désintéressent pas de la grandeur commerciale de notre pays l'accueil qu'il mérite. Quant à nous, ce n'est pas d'aujourd'hui que nous avons marqué notre intérêt pour ces efforts et nous nous devons de contribuer à les faire aboutir.

Il faut que la Guadeloupe reçoive de la France l'aide qu'elle demande. C'est là une question de dignité et de justice !

F. RENÉ-MÉVEL,
Président de **Colonia-Club**.

L'EFFORT NÉCESSAIRE

L'opinion publique est actuellement saisie de la question des ports français des Antilles, et bien que le Gouvernement ait laissé le souci de leur développement aux conseils généraux de la Martinique et de la Guadeloupe, il n'est pas encore trop tard pour faire quelque chose et même pour faire quelque chose « de très bien ».

Le télégraphe nous a récemment informés d'éboulements très considérables dans la partie du canal de Panama connue sous le nom de « Culebra », c'est un peu plus de temps « devant nous » avant l'ouverture à la navigation, souhaitons que ces minutes précieuses soient utilisées pour passer de la réflexion aux actes. Le Conseil Général de la Guadeloupe a compris, après les résultats à peu près négatifs de la mission Jullidière, qu'il ne fallait plus escompter l'aide de l'Etat, et il a pris pour devise : aide-toi, le ciel t'aidera.

Le lecteur trouvera ici, dans le consciencieux exposé de notre collaborateur et ami M. H. Adolphe Lara qui, en qualité de vice-président du Conseil Général de la Guadeloupe, a pris une part importante aux études dont dépend l'essor économique de lá Guadeloupe, son île natale, tout ce qu'il faut connaître de la question du port de la Pointe-à-Pitre, et l'indication des grands travaux dont les finances de la Colonie vont faire tous les frais.

Mais est-ce bien là un effort suffisant? ou, pour poser la question sous une autre forme, le rôle de la métropole est-il terminé, parce qu'elle a permis la création à la Pointe-à-Pitre d'un port bien outillé? parce que les quais, les docks, les dépôts de combustibles vont être aménagés, parce que les marins pourront compter avant peu sur le parfait éclairage des points dangereux et les secours de la télégraphie sans fil?

Il y a autre chose à faire, certainement ; il y a des mesures à prendre pour déclancher dans la métropole un grand mouvement d'enthousiasme en faveur de nos îles, pour attirer l'attention des capitalistes et intéresser les jeunes énergies, il faut encourager la production des denrées coloniales de consommation chez nos planteurs et demander aux métropolitains de les goûter et de leur accorder la préférence, ce qui attirera les chargeurs dans nos ports d'outre-mer.

Il faut enfin que les pouvoirs publics prennent toutes les mesures propres à développer la navigation sous pavillon national dans les mers chaudes.

Quel est le Français ayant voyagé au long cours qui n'a pas été douloureusement surpris de la rareté de notre marine marchande dans un grand nombre de ports exotiques, parmi lesquels beaucoup reçoivent nos marchandises par vapeurs anglais et allemands ou par voiliers italiens?

Dernièrement M. Henry Bérenger a obtenu de la Compagnie Transatlantique la promesse que nos îles de Saint-Martin et de Saint-Barthélemy jusqu'ici délaissées seront reliées par paquebot mensuel à la Guadeloupe et à la France, et ce, vers la fin de cette année.

C'est en multipliant les relations intercoloniales

qu'on encouragera le plus efficacement la production agricole de nos îles, parce que les planteurs seront sûrs de pouvoir exporter leurs denrées en temps utile.

De même qu'en Afrique le rail a presque toujours précédé la mise en valeur, le passage régulier de navires de plus en plus nombreux décuplera l'activité des populations. Il y a là une vérité expérimentale qui ne se discute plus et qu'on est surpris de trouver encore contestée dans certains rapports officiels.

D'ailleurs lorsqu'un port ne peut fournir aux navires le frêt que ceux-ci comptent y charger en venant relâcher, il ne peut plus espérer recevoir que la visite de ceux qui y sont contraints, par les éléments, par le besoin de charbonner, de se ravitailler ou de se réparer.

Parallèlement avec l'exécution des travaux, on ne saurait donc prendre trop de mesures pour attirer les cargos, les voiliers et les caboteurs dans le port de la Pointe-à-Pitre.

C'est une question de propagande, de publicité intelligemment conçue et conduite avec persévérance. C'est ainsi que des croisières de plaisance sur nos Antilles pourraient retirer à l'Orient quelques touristes influents et fortunés. Ceux qui ont déjà visité à plusieurs reprises l'Egypte, la Grèce, la Sicile, les Canaries, feraient œuvre patriotique en se dirigeant pour une fois sur nos Antilles qui ne sont qu'à onze jours de Saint-Nazaire, et ils n'auraient sûrement pas à le regretter, car, pour ne parler que de la Guadeloupe, elle offre de nombreuses excursions, des spectacles naturels très pittoresques, la possibilité de faire de l'alpinisme (ascension de la Soufrière), etc...

Mais, pour attirer et intensifier ce courant touristique, il faudrait multiplier les services automobiles sur routes et aménager les points qui, comme Saint-Pierre de la Martinique, de sinistre mémoire, présentent un attrait particulier pour l'étranger.

De plus, une clientèle riche ou seulement aisée, réclame des hôtels confortables, voire des palaces luxueux, et ne se dérange pas facilement si on ne lui assure la jouissance des attractions auxquelles elle est habituée : casinos, théâtres, champs de courses, etc... De même, cette clientèle ne se retient qu'avec une réputation de salubrité et une organisation hygiénique parfaites.

Enfin, c'est surtout au point de vue financier que des mesures radicales s'imposent, et ce qu'il importe de répéter à cet égard, c'est que la Guadeloupe s'enrichira en raison directe des très lourds sacrifices qu'elle pourra s'imposer dès maintenant pour attirer vers son port la clientèle cosmopolite. Son Conseil Général l'a fort bien compris en édictant quelques mesures simples qui auront certainement les plus heureuses répercussions sur la prospérité de l'île : l'eau sera distribuée gratuitement aux navires, la perception des droits de navigation et de pilotage supprimée, suspendue ou réduite dans la plus large mesure possible, etc.

Et puis le Parlement vient d'accorder aux denrées coloniales françaises l'entrée en franchise dans la métropole, c'est de la saine politique coloniale : la suppression d'une injustice qui n'avait que trop duré. Les planteurs des Antilles vont en ressentir de suite les bienfaits et les statisticiens enregistreront bientôt des plus-values intéressantes aux sorties.

L'introduction de méthodes et de cultures nouvelles, les encouragements à la production sur le cacaoyer, le citronnier, le cotonnier, etc., rendront vite la prospérité à nos vieilles colonies. Elles sont, surtout celles des Antilles, à un tournant décisif de leur histoire, elles ne demandent qu'à vivre, croître, s'enrichir et enrichir la métropole. Elles ont fait trêve de querelles intestines et les partis politiques se sont entendus définitivement sur un programme d'action économique ; ne leur ménageons donc pas plus longtemps nos encouragements, à elles qui nous ont aidé dans le passé à défendre notre patrimoine et notre honneur national, et dont les enfants partagent à présent, avec les Français d'Europe, l'impôt du sang.

Aidons-les et aimons-les plus fraternellement pour savoir les garder parmi les plus beaux fleurons de notre empire exterieur, elles nous le rendront au centuple.

C'est avec cette disposition d'esprit que le lecteur peut lire avec profit le patriotique exposé de notre collaborateur et ami, M. Lara ; ce serait nous faire injure que de nous croire incapables de comprendre l'urgence de l'œuvre à accomplir dans l'Atlantique, disons plus : il s'agit bien d'une question de vie ou de mort pour notre expansion économique et pour notre prestige de grande nation latine.

Hâtons-nous !

Maurice DARCHICOURT.
Directeur de *Colonia*

Vu l'éventualité de l'ouverture de l'Isthme de Panama, la France a peut-être plus d'intérêt à s'attacher la Martinique et la Guadeloupe que tout le territoire du Tonkin, par exemple.

(Anténor FIRMIN, *Conférence faite à Paris en Mai 1892*).

I

Dès les débuts de la colonisation, on reconnut la valeur de l'immense bassin qu'est le port de la Pointe-à-Pitre, abrité contre tous les vents et offrant naturellement une rade admirable. Le père Labat visita « ces grands enfoncements que la mer a faits dans les terres, où les vaisseaux peuvent se retirer pendant la saison des ouragans, ou dans un besoin pour ne pas être insultés par les ennemis. » Le savant dominicain disait : « Ce sont assurément de beaux endroits, l'eau y est profonde... Il nous parut qu'on pourrait faire un port excellent de cet endroit-là. »

Du Poyet (1728 à 1734), désigna la rade du Petit-Cul-de-Sac comme le seul point où le commerce pouvait opérer en toute sécurité, et, grâce à ses exhortations, quelques magasins s'élevèrent sur la plage.

Le capitaine de génie Des Clieux, successeur de du Poyet comme gouverneur, après avoir acquis l'intime conviction que le bassin du Petit-Cul-de-Sac offrait aux navires les garanties les plus sûres, reprit le projet de la fondation d'une ville et adressa, en 1740, un rapport au ministre par lequel il lui demandait l'autorisation d'élever une ville au fond du bassin et d'y transférer le siège du gouvernement, parce que cet endroit était précisément placé au centre de l'île. Il ajoutait qu'à la Basse-Terre le siège du gouvernement était situé à l'extrêmité de la colonie, dans un lieu sans port, peu utile au commerce. Le gouverneur-général, qui résidait à Fort-de-France, à qui ce projet fut transmis, ne vit pas avec plaisir que la Guadeloupe cherchait à briser les chaînes qui la liaient à la Martinique. Le projet de la création de la nouvelle ville ne fut pourtant pas perdu de vue. En 1748, les habitants des Abymes avait terminé les travaux longs et coûteux d'une chaussée levée dans les marécages pour descendre leurs denrées au bord de la mer, par tous les temps. Cette chaussée, aujourd'hui la rue Frébault, ci-devant rue des Abymes, était destinée à devenir la principale artère de la ville dont le gouvernement ne voulait pas permettre l'établissement. Il fallait bien que les produits de la Grande-Terre fussent envoyés dans la métropole. Déjà, en 1670, des capitaines marseillais avaient obtenu de Colbert, à titre exceptionnel, l'autorisation de rapporter le sucre de cannes des Antilles, et, en 1719, les colonies d'Amérique avaient été définitivement ouvertes, par un édit royal, au commerce marseillais et plus de 38 navires faisaient le trafic des Antilles à Marseille.

Le chevalier de Mirabeau, gouverneur, voulant forcer le ministre à donner son consentement, avait pris la résolution de jeter les premiers fondements de la ville. Il ne put exécuter son projet. Mécontent des entraves mises à son administration par le gouverneur général résidant à la Martinique, il demanda son congé.

Quelque dix ans après, vaincu par d'énergiques et légitimes revendications, le gouvernement fit étudier le projet de l'établissement de la ville. Au commencement de 1759, l'ingénieur de la marine, Bellère, traça le plan d'une ville dans le bassin même du Petit-Cul-de-Sac, vis-à-vis d'un îlet appelé Ilet-à-Pitre, du nom d'un Hollandais, Peters, qui s'y était établi du temps de Houël et qui, exerçant le métier de pêcheur, avait construit, pour sa commodité, un ajoupa au fond du bassin, sur le petit cap où s'élève de nos jours la Direction du Port.

Le 1er mai de la même année, l'île passait sous la domination britannique. Les Anglais reconnurent de suite l'excellence de la rade du Petit-Cul-de-Sac et résolurent d'édifier une ville au fond de cette baie tranquille. De modestes maisons s'élevèrent des deux côtés de la Pointe où avait été bâti l'ajoupa du pêcheur Pitre pour servir de magasins et de logements.

La Pointe-à-Pitre était créée. Mais elle avait à compter avec la rivalité de Fort-de-France. Aussi bien, pour lui permettre de prendre son essor, fut-on obligé d'interdire tout cabotage entre la Martinique et la Guadeloupe afin d'obliger le commerce métropolitain à nouer des relations directes avec la ville qui, nouvelle Venise, avait surgi des eaux !

Quand, par le traité de Paris du 14 février 1763, les Anglais rendirent la Guadeloupe à la France, il n'existait que quinze maisons éparses sur le nouvel emplacement. Mais l'utilité et l'importance du port de la Pointe-à-Pitre avaient été mises en évidence. Le capitaine de la corvette le *Petit-Mars*, de Trobiant, fut chargé d'opérer le brassiage de ce port. Dans son rapport au roi, il dit : « Quelque gros que soit un vaisseau, il y a suffisamment d'eau pour le faire passer entre l'Ilet à Cochons et le loup du Fort-Louis. Ceux qui tirent le plus d'eau vont mouiller par le travers de l'Ilet à Pitre, où l'on trouve six à sept brasses d'eau. » (1763).

Et, en 1783, dans sa *Lettre sur un Voyage aux Antilles*, Léonard pouvait écrire qu'une « flotte de navires ornés de banderolles et de pavillons de toutes les couleurs », faisait ressortir le développement rapide du port qui, « situé au centre de l'île dont il laisse voir les deux rives, offre un coup d'œil vraiment superbe ». Et l'auteur, déjà, affirmait que la Pointe-à-Pitre, « par le bonheur de sa position, par l'activité de son commerce et par la faveur du gouvernement, peut devenir la capitale des Antilles. »

Pointe-à-Pitre. — Une vue du port

II.

Placée au centre de la colonie, la ville de la Pointe-à-Pitre est, sinon de droit, mais de fait, la capitale de l'île de la Guadeloupe, autant pour les affaires intérieures qu'extérieures de tous genres et de toute nature. Sa population est de plus de 24.000 âmes. C'est le point central de départ, pour toutes les directions, des voies de communications par mer et par terre et aussi des réseaux téléphoniques ou télégraphiques avec tous les points de la colonie. Des services réguliers de bateaux à vapeur, d'autobus et d'automobiles relient la ville avec la plupart des communes de l'île y compris la ville de la Basse-Terre et Marie-Galante, située à six lieues environ de la Grande-Terre.

Pourvue d'une conduite d'eau provenant d'une des belles rivières des montagnes de la Guadeloupe, la ville a une eau qui, d'après les analyses qui ont été faites, est d'une pureté absolue.

Siège d'un tribunal de première instance, d'une justice de paix et d'une cour d'assises, elle possède, en outre, une magnifique église, la plus belle et la plus spacieuse des Antilles, un lycée créé en 1883 qui prit le nom de lycée Carnot, un lycée de jeunes filles, de belles écoles, un Hôtel-Dieu, une clinique ophtalmologique et otorinolaryngologique, un orphelinat, un Hôtel-de-Ville, une chambre de commerce, un conseil sanitaire, trois loges maçonniques, une glacière artificielle, la Banque créée en 1851, la Banque du commerce, une caisse d'épargne, l'hôtel du Crédit foncier colonial, etc.

L'Etat entretient une vaste caserne, dont une partie a été transformée en ambulance.

La ville a deux musées : le musée L'Herminier, qui renferme des spécimens intéressants de la flore et de la faune coloniales, on y voit aussi les armes et divers ustensiles de guerre et de ménage des Caraïbes, autochtones de l'île ; le musée Schœlcher dont les collections des plus variées de moulages de médailles, d'ivoires, de statuettes antiques, etc., les tableaux et dessins divers ornant les parois des salles, sont dûs à la générosité de l'illustre philanthrope.

La principale promenade est la place de la Victoire, située en face de la rade. Cette belle place fut un vaste marais, comblé jusqu'à la mer par le commissaire de la Convention Victor Hugues. C'est à lui aussi que l'on doit la magnifique allée qui entoure cette place, plantée de superbes sabliers, lesquels, malgré leurs 117 ans d'âge, fournissent à cette promenade un ombrage et une fraîcheur des plus agréables.

A l'extrémité nord de la place de la Victoire, se trouvait le théâtre municipal, détruit par un incendie. A sa place, s'élève le coquet kiosque de musique où se font entendre les artistes de la Société Philharmonique. A son extrémité sud est placée une fontaine Wallace et un peu avant, la statue du général Frébaut qui fut gouverneur de la Guadeloupe (1860-1862).

La ville a d'autres places publiques, celle de l'Eglise, où se trouvent le Palais de Justice et la statue de l'amiral Gourbeyre, la place Camille Desmoulins, la place Woldemar, etc.

Aux environs de la Pointe-à-Pitre, il y a d'agréables promenades et d'incomparables bains de mer. Et il suffit de prendre l'autobus ou une automobile de louage pour se rendre sur les plages de Sous-le-Fort ou du Gosier.

Les quais de la ville, qui s'étendent sur un parcours de plus d'un kilomètre, permettent aux navires et aux vapeurs d'accoster.

Disons que la température est plutôt agréable : elle oscille de 30° pendant la saison chaude, à 20°, 22° pendant la saison froide.

Un marché et des halles abondamment approvisionnés rendent la vie facile. Des restaurants et des hôtels, l'Hôtel de Paris, l'Hôtel Moderne, etc., assurent le confort aux voyageurs.

Un ber et les ateliers de Fouillole permettent de faire les réparations les plus nécessaires aux navires, sans parler des ateliers de Darboussier et de la compagnie des bateaux à vapeur.

La Pointe-à-Pitre a subi à des époques diverses des catastrophes qui l'ont plus ou moins détruite : tremblements de terre, incendies, cyclones, etc... Par l'énergie et la persévérance de ses habitants, elle s'est toujours relevée de ses ruines et forme aujourd'hui, avec ses larges rues tirées au cordeau. ses belles et gracieuses maisons en bois et en pierre, dont les balcons sont de véritables jardins de fleurs, l'une des plus belles villes coloniales des Antilles; elle est appelée, à juste titre : « la Perle des Antilles ».

Pointe-à-Pitre. — La Rue Peynier

III

Les avantages du port de la Pointe-à-Pitre ont été proclamés par tous ceux, marins ou ingénieurs hydrographes, qui, à un titre quelconque, ont eu à s'occuper de la position commerciale ou stratégique de cette rade.

Les Américains apprécient notre rade à sa juste valeur ; dans le *Bluml's Américan coast Pilot*, ils classent la Pointe-à-Pitre comme le meilleur port des Indes Occidentales.

Les Anglais, par l'organe de l'amiral G. Beckwitk, en 1810, ont reconnu qu' « il faut abandonner toutes les possessions anglaises des Antilles, avant de rendre la Guadeloupe. Il faut consentir aux plus grands sacrifices afin de conserver cette colonie à cause de la situation de la Pointe-à-Pitre, situation unique peut-être dans le monde et dont l'Angleterre peut tirer un parti inappréciable au double point de vue militaire et commercial. »

Les Français ont, eux aussi, reconnu les avantages du port de la Pointe-à-Pitre ; mais il n'en ont pas su tirer parti. Le même esprit qui, en 1740, avait essayé de s'opposer à la création de la ville et du port, a toujours prévalu : c'est cet esprit qui, en 1857, a amené la Compagnie Générale Transatlantique à préférer Fort-de-France comme point d'attache de ses paquebots !

« La rade de la Pointe-à-Pitre sera, quand on le voudra, la première station navale, la clé militaire des Antilles. »

Ainsi s'exprimait, dans un rapport au ministre de la marine et des colonies, l'amiral Touchard, gouverneur de la Guadeloupe en 1858. Et cet officier général ajoutait :

« Les avantages de sa position géographique ne

seraient rien, si la Guadeloupe ne possédait en même temps un port sans égal dans la Mer des Antilles. La rade de la Pointe-à-Pitre est un bassin en toute saison. »

Le lieutenant de la marine impériale Fauvel écrivait à la même époque :

« La Pointe-à-Pitre n'est pas seulement le mouillage le plus vaste, le plus commode offert au commerce, depuis l'introduction de la vapeur et les changements radicaux qu'elle a amenés dans le système d'attaque et de défense, c'est le seul point de ces mers qui puisse offrir à un convoi, à une escadre même, un asile assuré contre des forces supérieures ; c'est une position militaire de la plus haute importance, et j'ajouterai même sans rivale dans nos colonies. Cette vérité, reconnue et appréciée à sa valeur, doit faire accepter tous les sacrifices tendant à maintenir et à améliorer cette position privilégiée, et donner à la Guadeloupe la suprématie dans un avenir peu éloigné. »

Dans le journal le *Siècle*, de Paris, du 15 octobre 1857, Melvil-Bloncourt, qui fut plus tard représentant de la Guadeloupe à l'Assemblée nationale de 1871, écrivait :

« Quelque beau que soit le port de Fort-de-France, il ne peut cependant rivaliser avec celui de la Pointe-à-Pitre qui n'a d'égal que celui de Constantinople. Il peut contenir à l'aise, dans sa vaste enceinte, de nombreux navires et des frégates de première classe. Il est d'un mouillage très sûr, et les îlots qui l'entourent protègent les vaisseaux contre la fureur des ouragans. L'excellence de ce port est incontestable ».

Dans son numéro du 20 octobre 1876, le journal l'*Avenir*, de la Pointe-à-Pitre, s'occupant déjà du percement de l'isthme de Panama, disait que « si l'on considère la situation géographique de la Guadeloupe, on comprendra tout de suite la supériorité de cette situation, qui en fait la vigie avancée vers l'Europe, de la Mer des Antilles. En effet, la Guadeloupe occupe parmi les autres îles de l'archipel le sommet de l'arc qui regarde la métropole. En outre, la Pointe-à-Pitre offre aux navires un refuge assuré. »

Le contre-amiral Ribell, résumant les travaux d'une commission composée d'amiraux et d'ingénieurs hydrographes, a formellement déclaré que « la commission a estimé avec MM. Thomasset, Bouquet de La Grye et Gaspary que la Pointe-à-Pitre est le port le plus sûr des Antilles. »

Le regretté savant, M. Bouquet de la Grye, dans un rapport présenté en juillet 1887, à la Société des Etudes Coloniales et Maritimes, a nettement désigné le port de la Pointe-à-Pitre comme le futur port d'escale qui s'impose à la navigation française dans la mer des Antilles.

Le 28 mai 1888, M. Bouquet de la Grye présentait au corps des Sociétés savantes, une nouvelle étude sur la valeur respective des ports de Fort-de-France et de Pointe-à-Pitre, et il donnait une nouvelle fois la préférence à la Pointe-à-Pitre. Après avoir même éliminé complètement Fort-de-France en lui préférant San-Juan de Porto-Rico, il concluait ainsi : « Il ne reste donc en présence que deux ports, l'un français, l'autre espagnol. Il va sans dire que, pour notre Compagnie subventionnée, le choix ne peut-être douteux : elle prendra l'escale de la Pointe-à-Pitre. »

Le savant ingénieur hydrographe ajoutait :

« En somme, la Pointe-à-Pitre, qui n'a point été choisie il y a quelques années comme tête de ligne de la Compagnie Transatlantique, est pourtant mieux placée que l'autre colonie française, sa voisine, soit sous le rapport de la sécurité du port, soit comme point stratégique, soit comme durée de traversée.

On peut être certain que ces considérations entraî-
neront, un jour où l'autre, un remaniement du ré-
seau des voyages, lorsque les considérations politiques prépondérantes, un jour, auront perdu de leur
importance.

.   .   .   .

« En résumé, nous pensons qu'il est utile, non
seulement dans l'intérêt de la Guadeloupe, mais
aussi dans celui de la Métropole, de doter le port de
notre colonie d'un certain nombre d'améliorations
qui présentent un caractère d'urgence indiscutable. »

Le capitaine de vaisseau Hautefeuille, dans une
étude sur *les Points d'appui de la flotte*, a nettement
établi que la Pointe-à-Pitre est le meilleur endroit
pour la création d'une station navale.

En 1891, notre compatriote M. Pierre Guillaume-
Louis, lieutenant de vaisseau, inscrivait sur le « journal de bord » spécial aux aspirants de l'*Iphigénie*,
frégate-école d'application, l'opinion suivante :

« La Pointe-à-Pitre est l'un des ports les plus beaux
et les plus sûrs des Antilles. Placé au fond de l'estuaire formé par le rapprochement des deux îles que
sépare la Rivière-Salée, entouré d'une ceinture de
bancs et d'îlots dont l'écartement laisse un chenal
pour le passage des plus grands navires qui fréquentent ces parages, il se trouve abrité contre les vents
du large et les raz-de-marée. »

Après l'inoubliable catastrophe de la Martinique,
en 1902, l'amiral Servan, montant le *Tage*, a dit que
« la rade de la Pointe-à-Pitre, la plus belle de toute
cette partie de l'Océan où toute une escadre peut
facilement s'abriter, devrait être le premier port de
nos Antilles ».

En 1904, l'amiral Boué de Lapeyrère, récemment
ministre de la marine, alors commandant de la divi-

sion navale de l'Atlantique, voulut délaisser Fort-de-France, en venant passer, avec ses vaisseaux, la saison d'hivernage à la Pointe-à-Pitre. « La sécurité de ce port, disait-il, est si grande qu'on peut éteindre les feux des navires, ce qui les rend plus habitables et économise le charbon ».

Au Congrès des anciennes colonies tenu à Paris, en 1909, il a été admis, dans un rapport présenté par M. Auguste Michel, conseiller du commerce extérieur, que « le port de la Pointe-à-Pitre offre une rade du plus bel aspect et peut-être la mieux abritée de la chaîne des Antilles. » Au même Congrès, M. R. Wachter, secrétaire de la Chambre d'Agriculture de la Pointe-à-Pitre, disait dans son rapport :

« Au fond du Petit-Cul-de-Sac, et protégé par une ceinture d'îlets et de bancs madréporiques se trouve le port de la Pointe-à-Pitre, boulevard commercial de la Guadeloupe. Ce port, l'un des plus beaux du monde, est d'une superficie totale de 500 hectares qui offrant aux navires un mouillage sûr, par des fonds de 8 à 9 mètres. Cette dernière s'accroîtrait considérablement par la suppression de quelques bancs de sable et de madrépores qui se trouvent dans l'estuaire. La position spéciale de ce port en fait un abri d'une sûreté absolue. Il est défendu contre la houle du large par sa ceinture d'îlets et de bancs madréporiques et contre les grands vents qui soufflent pendant la période de l'hivernage par les contreforts du Gosier à la Grande-Terre et les hautes montagnes de la Guadeloupe proprement dite. Un exemple de la parfaite sécurité du port de la Pointe-à-Pitre a été fourni, lors du terrible cyclone du 7 août 1899, au fort duquel la dépression barométrique atteignit 710 millimètres. Un croiseur français, le *Cécille*, et deux autres vapeurs marchands, à l'ancre, supportèrent out le choc de la tempête sans subir la moindre avarie ; ils ne bougèrent même pas de leur mouillage. Autre exemple : le 2 septembre 1906, le paquebot *France*, de la Compagnie Générale Transatlantique, qui était sur la rade de Fort-de-France, fut contraint de fuir cette rade par suite d'un gros temps et de venir se réfugier dans le port de la Pointe-à-Pitre où sévissait également la tempête, mais où il fut préservé de tout danger. »

Comme on le voit, le port de la Pointe-à-Pitre qui mesure 4,500 mètres de longueur sur 1,200 mètres de largeur, est un mouillage aussi sûr que Marseille ou le Hàvre.

Le gouvernement américain, pendant la guerre de Sécession (1860-1865), avait fait du port de la Pointe-à-Pitre le point de ravitaillement de ses navires de guerre et y avait établi un dépôt de charbon. A cette époque, sans l'aide d'un pilote, le *Vanderbill* avait mouillé à la Pointe-à-Pitre ; ce navire avait 110 mètres de longueur, 10 mètres de largeur et 1,268 tonneaux. C'était l'un des plus grands navires de l'époque.

Plus près de nous, en 1902, le croiseur américain *Massachussets*, de 10,388 tonnes, 450 hommes d'équipage et calant 9 mètres, est entré dans le port sans pilote. En février 1911, le *New-York*, ayant 20,798 tonneaux, 165 mètres de longueur, a pu, sans encombre, franchir les passes de la rade. Un peu avant, en janvier 1910, la *Marseillaise*, cuirassé de premier rang, battant pavillon de l'amiral Auvert, avait pu jeter ancre dans le port de la Pointe-à-Pitre.

Combien sont inexplicables les difficultés que fit la Compagnie Générale Transatlantique, en 1891 et en 1893, pour laisser la *Normandie* entrer dans le port de la Pointe-à-Pitre ! Il faut dire que cette compagnie a bien vite reconnu son erreur et que la *Normandie*, malgré son tirant d'eau, n'a cessé d'évoluer facilement dans notre rade. Mieux, depuis, des transatlan-

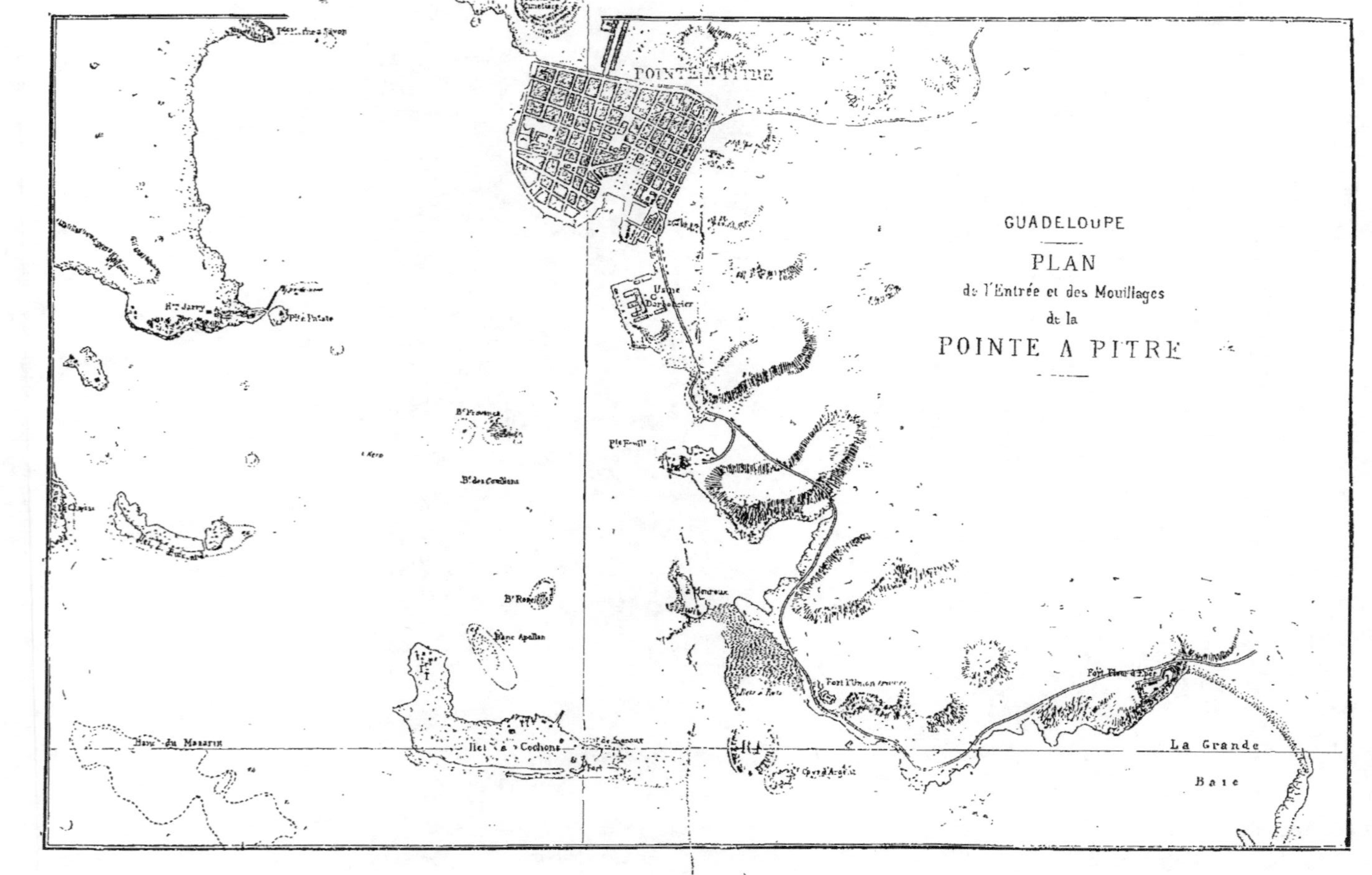

GUADELOUPE
PLAN
de l'Entrée et des Mouillages
de la
POINTE A PITRE
POINTE A PITRE
Mare du Cimetière
Usine Darbousier
H.t Jarry
P.te Patate
B.c Provena
i Kero
B.c des Courlieux
B.c Rose
Banc Apollon
Ilet à Cochons
Ilet de Senour
Fort
Banc du Mazarin
P.te Fouilli
Fort l'Union
Grand Anse
Fort Fleur d'Épée
La Grande
Baie

tiques, jaugeant beaucoup plus que la *Normandie*
(6,500 tonneaux), le *Pérou* (7,163 tonneaux) et la
Guadeloupe (7.166 tonneaux), sont entrés sans diffi-
culté dans le port de la Pointe-à-Pitre et doivent
prochainement accoster à quai !

En 1905, dans un rapport présenté à la Commission extraparlementaire de la marine, M. Messimy,
depuis ministre des colonies et ensuite ministre de
la guerre, disait « que le gouvernement a été heureusement inspiré en ne mettant pas en première
ligne les travaux de la Martinique, alors surtout que
beaucoup de marins pensent que la Guadeloupe
offrirait un port beaucoup mieux placé que Fort-de-
France pour la création d'un point d'appui de premier ordre, à la Pointe-à-Pitre. »

Le moment n'est-il pas venu pour la France, d'uti-
liser le port de la Pointe-à-Pitre, si elle veut tirer parti
de l'ouverture du canal de Panama ?...

Pointe-à-Pitre. — Un coin des Quais

IV

L'heure est venue pour que la France prenne une décision, à moins qu'elle ne veuille abandonner définitivement ses intérêts moraux et matériels aux Antilles.

Si l'on veut que la France soit en situation de recueillir, dès l'ouverture du canal de Panama, tous les avantages auxquels elle a droit en vertu de la position géographique privilégiée de plusieurs de ses colonies, il importe que l'Etat aide la colonie de la Guadeloupe à aménager le port de la Pointe-à-Pitre. Cet aménagement est nécessaire au triple point de vue du commerce général de la France, du développement de la marine marchande et de la prospérité de la colonie.

A tous les points de vue, il n'est pas douteux qu'un port aménagé comme il vient d'être dit, pour profiter, dans toute la mesure possible, du trafic général qui devra résulter de l'ouverture prochaine du canal de Panama, ne présente les plus grands avantages, non seulement pour le pays appelé le premier à en bénéficier, mais aussi, par voie de conséquence, pour le commerce de la France et le développement de sa marine marchande.

Et c'est précisément parce que la Guadeloupe est un pays essentiellement agricole, et que la majeure partie de son territoire n'est pas cultivée, qu'il est susceptible, plus qu'aucun autre, de développer sa production, d'augmenter ses exportations et, par suite, son pouvoir d'achat. D'où une extension de ses relations commerciales avec la métropole. Il suffit, du reste, pour s'en convaincre, de parcourir nos campagnes, qu'il s'agisse de la Grande-Terre ou de la Guadeloupe proprement dite.

Car s'il est incontestable que l'aménagement d'un port de relâche doit profiter *surtout* à la ville où ce port est situé, à ses habitants et à son commerce, il est non moins incontestable que le pays tout entier, aussi bien que le commerce métropolitain et la marine marchande, ne peuvent que recueillir les fruits d'une activité plus grande devant résulter de l'accroissement des denrées exportables.

C'est là un point intéressant, en même temps qu'une vérité économique qui n'a pas besoin d'être démontrée.

Pour qu'il en fût autrement, il faudrait que la Guadeloupe eût atteint le maximum de ses facultés productrices. Or, on sait bien que cela n'est pas, fort heureusement.

Sous le rapport agricole et industriel, notre pays est, au contraire, une colonie privilégiée dont la production peut atteindre un très grand développement si l'on sait tirer parti des richesses naturelles de son sol.

Avant la crise mondiale dont sa principale denrée a subi, pendant de longues années, le douloureux et ruineux contre-coup, coïncidant avec les effets d'une dégénérescence de la canne, la Guadeloupe produisait de 50 à 55.000 tonnes de sucre et la valeur de ses exportations n'était pas inférieure à 30 millions de francs environ, y compris le rhum, les denrées secondaires, cafés, cacaos, etc.

Aujourd'hui, elle ne produit plus, il est vrai, que 35.000 à 40.000 tonnes environ, mais par suite de l'introduction d'espèces nouvelles de cannes, provenant de graines ayant régénéré la culture, la production du sucre suit une marche ascendante et l'on peut prévoir le moment, peu éloigné, où elle pourra, grâce au crédit qui est présentement l'objet des préoccupations des pouvoirs publics et aux efforts persévérants des planteurs, reconquérir sa situation florissante d'antan.

Mais le sucre, le rhum, le café, le cacao, bien qu'ils constituent les principales assises de la fortune publique, ne sont pas cependant les seuls produits qu'il faille envisager. Il existe encore, dans notre pays, des ressources inexploitées qui sollicitent les initiatives et ces initiatives pourront d'autant mieux se manifester qu'un courant d'affaires plus important, une activité maritime plus étendue auront apporté chez nous les éléments de prospérité. Là où l'argent circule, il se crée toujours des industries et des exploitations nouvelles auxquelles notre pays se prête d'ailleurs merveilleusement.

C'est ainsi que l'on fonde les plus grandes espérances sur la culture et l'exportation de la banane qui font actuellement la fortune d'autres colonies.

C'est ainsi que dans la culture et l'industrie citronnière, plusieurs entreprises ont été créées déjà, grâce à l'initiative de quelques-uns de nos compatriotes, encouragés dans cette voie par les merveilleux résultats obtenus, non loin de nous, à la Dominique, colonie anglaise.

A ces divers facteurs, il convient d'ajouter le chemin de fer de Pointe-à-Pitre au Moule qui est toujours à l'ordre du jour de nos transformations économiques et dont l'exécution pourra d'autant mieux se faire que l'on trouvera dans la surproduction de la canne à la Grande-Terre et la création de nouvelles cultures dans nos Grands-Fonds, les éléments d'un trafic important et rémunérateur.

On peut donc entrevoir pour la Guadeloupe des jours nouveaux, des jours plus heureux que ceux qu'elle a vécus jusqu'ici, tout en luttant pourtant inlassablement contre la fortune adverse (1).

En ce qui concerne la métropole, elle ne pourra, si ces espérances d'un meilleur avenir se réalisent, que se féliciter d'avoir assuré, même dans une large mesure, l'aménagement de notre port, et contribué, par cela même, au développement économique d'une de ses plus vieilles colonies qui n'est pas la moins fidèle de ses nombreuses possessions d'outre-mer.

Elle en recueillera des avantages incontestables pour son commerce et sa marine marchande. Mais, pour que ces avantages fussent absolument tangibles pour elle et complets, il était indispensable que, par réciprocité pour le tarif douanier qu'elle nous a imposé et qui pèse lourdement sur le pays, elle nous accordât enfin le dégrèvement de nos denrées secon-

---

(1) Dans les dix dernières années, la population totale de la Guadeloupe a passé de 180.000 habitants à 220.000, soit une augmentation de plus de 20 p. 100.

Dans la même période, malgré la concurrence protégée des betteraves métropolitaines, la Guadeloupe a maintenu sa production de sucre de cannes et certainement ses usines ont réalisé des séries de bénéfices nets, s'élevant à plus de 38 p. 100 du capital social. Toujours dans ces mêmes dix dernières années, la production annuelle du cacao dans l'île a monté de 400.000 kilogrammes par an à 1.200.000 kilogrammes, et celle du café a passé de 350.000 kilos à 1.100.000 kilos. Voici des chiffres officiels: en 1893, la Guadeloupe produisait 476.972 kilogrammes de café; en 1907, elle a exporté 1.047.583 kilogs; de 1.408 kilogrammes de vanille, elle a passé à 15.631 kilogs. soit 100 pour 100 et 800 pour 100. Au lieu de 347.438 kgs. de cacaos exportés en 1893, la colonie, moins de 10 ans après, a produit un million de kilogrammes et même plus. (Conférence de M. Adolphe Lara, à la Société des Etudes Coloniales et Maritimes, dans la salle de l'Hôtel des Sociétés Savantes, sous la présidence de M. le vice-amiral Besson, le 23 août 1912).

daires. Le Parlement a fait disparaître l'injustice dont souffraient nos colonies, et, à partir de janvier 1914, les denrées secondaires seront reçues en France exonérées de tous droits de douane. Cette mesure ne peut qu'imprimer un nouvel essor à la culture du café, du cacao, de la vanille, des ananas et autres denrées.

Au sujet du développement de toutes nos cultures en général, on opposera peut-être la question des bras, mais on peut répondre que la Guadeloupe et ses dépendances possèdent, d'après le dernier recensement, plus de 200.000 habitants, ce qui serait suffisant pour assurer la production d'un pays plus vaste que le nôtre. Que si, en l'état actuel, bien des gens restent inactifs, il n'en sera pas de même quand l'avenir aura des débouchés certains et rémunérateurs, car les bras se décuplent et redoublent d'énergie toujours, quand il y a de l'argent à gagner.

Guadeloupe *for ever !*

Pointe-à- Pitre. — La Darse

V

Malgré les conclusions plutôt pessimistes des rapports de la mission Jullidière, nous restons persuadé que l'immense trafic auquel donnera lieu l'ouverture du canal de Panama aura d'heureuses conséquences pour les petites colonies de la mer des Caraïbes, en général, et en particulier pour la Guadeloupe, la plus heureusement située parmi elles, grâce à sa position géographique, la plus vaste et celle dont le port offre la plus complète sécurité, de l'avis unanime des marins de toutes nationalités.

Cependant, si nous en croyons M. Raymond Douvry, il n'y aurait lieu de rien faire à la Pointe-à-Pitre, pas même le modeste aménagement préconisé par la mission et qu'elle semble nous avoir accordé à contre cœur et comme fiche de consolation. En effet, en l'état actuel de la production de la colonie, la Compagnie Générale Transatlantique qui a fait construire un quai et des magasins sur la rive Grande-Terre, et la Compagnie Austro-hongroise qui possède un appontement et des magasins sur la rive Guadeloupe de notre port d'embarquement, suffisent amplement, dit M. Douvry, pour enlever et transporter toutes les denrées du crû.

Alors à quoi bon le wharf, les travaux de dragage, le dépôt de charbon prévus par la mission, à quoi serviront-ils, sinon à alourdir le budget local d'une charge financière inutile? Car il importe de faire remarquer que M. Douvry ne prévoit nullement la possibilité de l'augmentation de notre production. Qu'on en juge :

Cet ingénieur, attaché au ministère du Commerce, déclare dans son rapport qu'il a adressé à différentes notabilités commerciales, agricoles, industrielles et politiques de l'île, quatre-vingts exemplaires d'une lettre par laquelle il leur demandait de bien vouloir lui faire connaître quels avantages résulteraient pour la Guadeloupe de l'aménagement d'un port de relâche et quelle influence pourrait avoir la création de ce port sur la prospérité de la colonie. D'après M. Douvry, aucun de ses correspondants n'a osé aborder franchement la question main-d'œuvre qui est une des grosses difficultés. *Tout le monde en parle*, dit-il, *personne n'ose en écrire*. Et il conclut que tous les industriels et planteurs déplorent le manque de bras pour travailler.

Evidemment, le lecteur est obligé de penser que pour M. Raymond Douvry, comme pour les industriels et planteurs, le manque de bras est réel; il est d'autant plus fondé à le croire que M. Douvry fait ressortir, immédiatement après, le nombre d'hectares de terre incultes dans l'île et ses dépendances. A la Guadeloupe proprement dite, sur une superficie de 94.000 hectares, 20.000 à peine sont cultivés. A la Grande-Terre, il y a 16.000 hectares cultivés pour une superficie de 56.000. A Marie-Galante, à peine 4.000 en culture sur 15.000. Les autres dépendances, qui forment 13.000 hectares, sont pour ainsi dire incultes. M. Douvry ajoute qu'on pourrait facilement tripler la surface des cultures de l'île qui atteignent à peine 40.000 hectares; on pourrait donc mettre, d'après cet ingénieur, 120.000 hectares de terres en culture.

Par quel moyen arriver à ce résultat? Evidemment par l'introduction de bras nouveaux; il ne saurait y en avoir un autre.

Eh bien ! non, M. Raymond Douvry n'est pas partisan de cette solution. Il écrit, en effet, textuellement ceci :

« On ne peut songer à une immigration dans des

contrées aussi peuplées que la Guadeloupe et la Martinique. »

Alors quoi ? La situation actuelle ne changera pas. Les terres incultes citées par M. Douvry continueront à le demeurer, la production actuelle n'augmentera pas d'une tonne et les deux compagnies, Transatlantique et Austro-hongroise, suffiront pour le trafic.

Mais M. Raymond Douvry a-t-il voulu indiquer que les Guadeloupéens sont des paresseux ? Peut-être bien. Il écrit que « les ouvriers agricoles des Antilles ont été gâtés par la nature qui met à leur disposition, sans grand effort de leur part, le strict nécessaire à l'existence. Ils n'ont pas de grands besoins et ne sentent pas, par conséquent, l'obligation du travail pour les satisfaire. »

Les Guadeloupéens ne sont pas plus paresseux que les autres travailleurs des pays chauds. M. Douvry se trompe étrangement s'il croit que, sous le soleil ardent des Tropiques, l'homme peut fournir la même somme de travail que dans les climats tempérés. Il n'y a pas de colonie à zones chaudes pouvant atteindre une production intense sans une densité supérieure de population. La Martinique, très prospère avant la catastrophe du Mont-Pelé, comptait 230.000 âmes pour une superficie de 96.000 hectares. Porto-Rico qui, sous la domination espagnole, produisait 60.000 tonnes de sucre avec un peu de tabac et de café, possédait une population de 350.000 âmes. Depuis la conquête américaine, cette population a passé à 1.100.000 âmes, et elle produit aujourd'hui 450.000 tonnes de sucre, du café, de la banane, des fruits, oranges, ananas, citrons, en énorme quantité ; cette production intense répond donc à la forte densité de sa population.

Si nous quittons notre région pour aller dans l'Océan Indien, nous nous trouvons en présence des mêmes conséquences économiques. L'île Maurice, qui n'est pas plus étendue que la Guadeloupe, mais dont la population s'élève à 350.000 habitants, produit 225.000 tonnes de sucre, sans compter le rhum et les denrées secondaires. Son exportation atteint 100 millions de francs: elle a un budget de 24 millions sur lesquels 6 millions sont destinés à l'assistance et à l'hygiène publiques.

Voilà des faits patents, indéniables. Pourquoi donc ce qui est vrai pour les Américains et les Anglais ne le serait-il pas également pour les Français? Poser la question, c'est la résoudre.

Oui, lorsque la France comprendra qu'il y va de son honneur et de son intérêt de faire de la Guadeloupe une colonie agricole florissante, elle comprendra aussi que le port de la Pointre-à-Pitre a besoin indispensablement d'un outillage complet pour assurer sa suprématie maritime et commerciale sur la grande route directe d'Europe en Asie et que notre colonie, sentinelle avancée au seuil de la jeune Amérique, doit être la gardienne de ses traditions et de son prestige dans la mer des Antilles.

Le rapport de M. Douvry, pour documenté qu'il paraît, est donc en réalité une œuvre sans aucune portée économique.

Cet ingénieur a compulsé des documents, analysé des rapports, relevé des chiffres, nous le voulons bien, mais chacun peut en faire autant; il ne s'agit, en l'espèce, que d'avoir un peu de méthode et de savoir-faire dans l'art d'accommoder les idées d'autrui. Quand il a fallu quitter les sentiers battus, M. Douvry s'est révélé économiste médiocre. Chargé par le gouvernement métropolitain de rechercher quelles seraient les conséquences de l'ouverture du canal de Panama sur l'avenir agricole, industriel et commercial de la Guadeloupe et de la

Martinique, et de la répercussion de leur prospérité future sur le commerce français, il a conclu qu'il n'y avait rien à faire, ces deux colonies ne se trouvant pas idéalement placées sur la ligne directe d'Europe à Colon.

Mais est-ce que toutes les îles éparses dans l'archipel des Antilles sont dans l'axe idéal rêvé par M. Douvry ? Nullement. Cela n'empêche pas pourtant leur métropole de les préparer à bénéficier du trafic immense dont la mer des Antilles deviendra le théâtre.

Et pourquoi M. Douvry est-il atteint d'un tel pessimisme à notre endroit ? Il le déclare franchement et la raison qu'il en donne est bien piètre. Nos rivaux étant déjà installés partout, dit-il en substance, il ne faut pas penser à les déloger des positions qu'ils occupent et à diriger à notre profit le mouvement commercial et maritime qu'ils ont su créer avant nous.

La théorie de M. Douvry confine jusqu'au fatalisme, et, si l'on suivait ses conseils, on n'entreprendrait jamais rien dans la vie.

Il a été répondu par avance à cet argument dans un rapport adressé à M. Douvry lui-même par la Chambre d'Agriculture de la Pointe-à-Pitre. Ce rapport citait, d'après M. le lieutenant-colonel Roulet, le déplacement de trafic qui s'est fait en ces vingt dernières années en faveur d'Alger au détriment de Gibraltar. En 1889, Alger n'avait pas de statistique comme port de charbonnage, tandis que Gibraltar fournissait annuellement à la navigation 562.000 tonnes de charbon. Aujourd'hui, c'est Gibraltar qui n'a plus de statistique et c'est Alger qui alimente en charbon une grande partie des vapeurs qui fréquentent le bassin méditerranéen. En 1907, Alger a fourni à la navigation 1.112.000 tonnes de charbon.

Si cette substitution s'est produite, c'est assurément grâce aux mesures prises par les pouvoirs publics de France et d'Algérie, mesures qui ont eu principalement pour but, en outre de l'outillage perfectionné de son port, d'approvisionner Alger en eau potable abondante, en légumes frais, viandes, poissons, etc.

Ce qui a été fait pour Alger peut aussi bien se faire pour la Pointe-à-Pitre, d'autant plus, nous le répétons, que notre colonie offre des richesses naturelles considérables inexploitées jusqu'à présent. Mais ces richesses, qui peuvent assurer à notre île un très brillant avenir, ne sont pas tout à fait indispensables à son essor commercial. Exemple : Saint-Thomas, petit rocher perdu au milieu de la mer et où n'existe aucune agriculture. Exemple encore la petite île de la Barbade où on a vu entrer dans le port principal, en 1885, onze vapeurs dans une journée. L'étranger qui débarque dans cette minuscule colonie sent tout de suite qu'il est dans un pays riche et riche par le commerce. A l'heure actuelle, 300 automobiles de luxe font ronfler leurs moteurs à travers les rues et les voies de communications de la Barbade. C'est que depuis longtemps Bridgetown est le centre d'un important mouvement commercial et, nous le répétons, ce n'est pas sa production plutôt modeste qui a déterminé ce mouvement, mais bien le trafic étendu fait avec sa métropole et les îles qui l'avoisinent.

Ceci démontre que les contrées, si riches qu'elles puissent se présenter, ne sont cependant rien par elles-mêmes ; c'est l'homme qui, par son génie, les transforme et les approprie au mieux de ses besoins. La Guadeloupe ne fait pas exception à la règle, et n'est-il pas étrange et pénible de constater que cette colonie, si bien pourvue sous tous les rapports, soit laissée dans l'état de quasi-abandon où nous la voyons et que ses enfants soient obligés de s'expa-

trier pour aller chercher leur pain sous des cieux
étrangers !

Nous parlions tout à l'heure du magnifique mouvement commercial que les Danois ont su créer à .
Saint-Thomas et les Anglais à la Barbade. Qu'est-ce
qui s'oppose à ce que les Français en fassent autant
à la Guadeloupe, et la Pointe-à-Pitre n'est-elle pas
toute désignée pour devenir un vaste entrepôt de
marchandises françaises dans la mer des Antilles?

Tout récemment, à la fin du mois de mars 1913, le
courrier venant de Bordeaux a déchargé sur notre
rade des quantités de marchandises françaises à des-
tination de Porto-Rico, dont 60 tonnes de pommes
de terre; l'intercolonial *Abd-el-Kader* qui, d'ordi-
naire, ne passe que quelques heures dans notre port
y a fait escale durant plus de deux jours pour opérer
le transbordement des dites marchandises.

Eh bien ! ce qui s'est passé une fois pour Porto-
Rico ne peut-il se répéter souvent, non seulement
pour cette île, mais encore pour toutes les autres de
l'archipel des Antilles, voire l'Amérique centrale?
C'est un problème économique facile à résoudre par
le commerce français avec l'appui et nous ajouterons
même les faveurs des pouvoirs publics, indispensables pour assurer le succès de toute grande entreprise humaine.

Nous avons mentionné plus haut la prospérité de
Porto-Rico, il est de notoriété publique que cette
prospérité est due entièrement aux avantages que les
Américains ont consentis à l'agriculture, à l'industrie et au commerce de cette Grande Antille. Le
même fait s'est passé quand il s'est agi, pour l'Angleterre, de faire réussir le commerce de la banane à
la Jamaïque. Un excellent publiciste de la Guadeloupe, M. le docteur Vitrac, rappelait tout récemment dans un journal local que les Anglais ont

dépensé en subvention plus d'un million par an à cet effet. Ainsi que les Américains, les Anglais sont arrivés à leurs fins.

Pour les uns comme pour les autres, vouloir c'est pouvoir.

Ce qui frappe tout d'abord l'esprit dans cette question d'aménagement des ports de Fort-de-France et de Pointe-à-Pitre, c'est la nécessité où se sont trouvés les hommes d'Etat français d'envoyer une mission dans la mer des Antilles à l'effet de savoir quelles seraient les conséquences économiques de l'ouverture du canal de Panama pour les colonies de la Guadeloupe et de la Martinique et leur répercussion sur le commerce de la France. Il nous semble que ce sont là des choses qui devaient être connues et archi-connues depuis longtemps par le Département des Colonies, et si l'on avait éprouvé le besoin de les étudier à nouveau, on aurait pu le faire aussi bien sur place qu'en une ballade à travers les océans.

Et d'ailleurs, M. l'ingénieur Jullidière ne déclare-t-il pas, dès les premières lignes de son rapport, que la question du trafic auquel donnera lieu l'ouverture de la nouvelle voie maritime paraît diviser beaucoup les hommes compétents? Retenons cet aveu. Et M. Jullidière, faisant abstraction de ses propres idées, va se servir, comme base de son travail, du rapport de M. Emery R. Johnson, délégué du gouvernement des Etats-Unis, pour évaluer ce trafic. Le rapport de M. Johnson aurait pu être aussi facilement étudié en France que sur le spardeck d'un transatlantique !

Il faut donc conclure qu'absorbé par les préoccupations de la politique, l'on ne s'était pas beaucoup inquiété, en France, de l'ouverture prochaine du canal de Panama dans les sphères gouvernementales et qu'au dernier moment on s'est trouvé pris au dépourvu.

Cependant, depuis deux ou trois ans, des écrivains français, notamment MM. Paul Deschanel et Urbain Gohier, dans le *Journal*, de temps en temps, faisaient remarquer que la France possède deux belles colonies dans l'archipel des Antilles, dont l'une, la Guadeloupe, dotée par la nature d'un port merveilleux et se trouvant de plus placée presque sur la ligne idéale qui va d'Europe à Colon, devait être aménagée en vue des intérêts maritimes et commerciaux de sa métropole. Ces journalistes avaient-ils quelque peu étudié la question ou bien rédigeaient-ils leurs articles dans l'unique but de donner de la copie à leurs journaux ? On serait tenté de s'arrêter à la seconde hypothèse, puisque beaucoup d'entre eux, et même ceux du grave journal le *Temps*, déclaraient, à la suite du rapport de la mission Jullidière, qu'il n'y avait plus rien à faire pour nos colonies de la mer des Antilles et que leurs habitants avaient reçu une sérieuse douche d'eau froide !

Les membres de la mission Jullidière se sont évidemment placés du côté des pessimistes, puisque, de l'aveu même de son chef, les opinions sur le trafic nouveau se partagent en deux camps bien distincts ; si, par un heureux hasard, nous avions eu affaire à une mission optimiste, ses conclusions auraient été tout autres et cette même presse, qui souligne la douche d'eau froide que nous avons reçue, se serait empressée de célébrer les avantages naturels que notre colonie possède. Tout cela n'est pas bien sérieux.

Nous avons déjà fait ressortir les contradictions du rapport de M. Raymond Douvry. Nous ne nous attarderons pas à réfuter longuement ceux de MM. Jullidière et Hallier. Il y a cependant lieu de retenir que le premier n'était pas toujours très affirmatif. Il se retranche souvent derrière d'autres autorités que la sienne. Ainsi, sur le point de savoir si des navires allant d'Europe à Colon ou *vice-versa* s'arrêteront aux Antilles pour charbonner, il écrit : « C'est une question à laquelle des personnes fort sérieuses et compétentes ont répondu négativement ; mais l'opinion la plus répandue parmi les hommes qui connaissent bien les choses de la navigation est beaucoup moins absolue. » Vous croyez qu'entre ces deux alternatives M. Jullidière va faire un choix, va donner son opinion motivée ? Point du tout, il se contente d'écrire : « Je vais essayer de donner un aperçu du calcul qu'il y a lieu de faire dans chaque cas pour décider si une escale de charbon est utile aux Antilles. Cela permettra de se rendre compte des raisons pour et contre... » Il en est ainsi tout le long de son rapport.

M. Hallier, lui, est moins pessimiste que le chef de la mission à ce sujet. Il expose que le besoin de charbon ne se fait pas sentir à la Guadeloupe pour le moment. Il n'en serait pas de même si les espoirs engendrés par l'ouverture prochaine du canal de Panama se réalisaient. Et il conclut que la question de dépôts de charbon est celle qui vient en première ligne dans les nombreux projets de travaux élaborés en vue de créer à la Pointe-à-Pitre un grand port d'escale.

Que M. Jullidière a donc eu raison d'écrire que les avis, en ce qui concerne les conséquences économiques de l'ouverture du canal de Panama, divisaient beaucoup les hommes compétents ! Hélas ! sa mission elle-même en a fourni la preuve ! N'est-ce pas le cas de rappeler le vieux dicton latin : *Tot homines, tot sententiæ ?*

M. Hallier constate que la rade de la Pointe-à-Pitre a toujours passé pour la meilleure des Antilles ; mais elle a malheureusement un défaut : elle manque presque partout de profondeur. Que voilà une belle observation ! La profondeur actuelle a suffi grandement pour notre trafic d'aujourd'hui ; si on prévoit une augmentation du mouvement commercial, il n'y a qu'à draguer la rade et le défaut signalé par M. Hallier cessera d'exister.

M. le lieutenant de vaisseau Hallier s'est également occupé de l'intérêt militaire que peut présenter le port de la Pointe-à-Pitre. Il dit que cet intérêt est nul quant à présent et qu'il en sera probablement de même dans l'avenir, malgré les mots à effet qu'on retrouve à chaque instant dans les publications du jour pour démontrer la grande valeur stratégique du port de la Pointe-à-Pitre. Il avoue cependant que cette valeur était réelle il y a cinquante ans, étant donné les moyens d'attaque et de défense de l'époque.

Nous ne voudrions pas contredire M. le lieutenant de vaisseau Hallier. Mais il nous sera permis de faire remarquer que, depuis plus de cent ans, l'opinion des marins les plus illustres n'a pas varié sur la valeur stratégique du port de la Pointe-à-Pitre. Tout récemment, en 1888, le contre-amiral Ribell, résumant les travaux d'une commission composée d'amiraux et d'ingénieurs hydrographes, s'exprimait ainsi : « La commission a estimé, avec MM. Thomasset, Bouquet de la Grye et Gaspary, que la Pointe-à-Pitre est le port le plus sûr des Antilles », et M. Bouquet de la Grye, chargé du rapport, concluait nettement en faveur du port de la Pointe-à-Pitre qui est, disait-il, « défendu naturellement contre la mer, est également à l'abri des attaques d'un ennemi et qui constituera, en cas de guerre maritime, notre seule place de sûreté dans les Antilles. »

Ces opinions valent bien, croyons-nous, celle de M. le lieutenant de vaisseau Hallier qui traite le port de la Pointe-à-Pitre de *souricière* dont les navires pourvus de l'armement moderne et croisant à quelques milles auraient eu beau jeu à cause des batteries tout à fait basses ou très peu élevées qui pourraient être utilisées par la défense, et surtout contre les navires au mouillage que rien ne masque aux vues du large.

M. Hallier n'a pas aperçu les Saintes, Marie-Galante et la Désirade qui s'ouvrent en éventail à des distances de 22, 24 et 20 milles devant le port de la Pointe-à-Pitre et qui, utilisées pour l'établissement de forts modernes, empêcheraient complètement tout navire d'approcher de ce port. Ces avantages n'avaient pas échappé à la mission Ribell qui en avait fait état notamment pour le groupe d'îlots des Saintes.

Il fallait éreinter la Guadeloupe et son magnifique port : la mission Jullidière n'a pas failli à cette tâche. Mais les Guadeloupéens ne sauraient avoir cure de ces critiques malveillantes; comme le philosophe antique, ils prouvent le mouvement en marchant.

Pointe-à-Pitre. — Dépôt de charbon de la Compagnie des bateaux a vapeur.

VI

Aussi bien le Conseil Général de la Guadeloupe, appelé à statuer sur la question, pour éviter tout conflit avec le Gouvernement, s'est-il scrupuleusement conformé aux conclusions de la mission Jullidière. Celle-ci avait déclaré qu'il n'y a pas lieu, en prévision de l'ouverture prochaine du Canal de Panama, d'établir un port important aux Antilles Françaises. Néanmoins, elle estimait très désirable et même nécessaire d'aménager les ports de la Pointe-à-Pitre et de Fort-de-France pour répondre aux besoins des colonies et à leur développement régulier. Et, pour la Pointe-à-Pitre, la mission préconisait l'exécution des travaux suivants :

1° Etablissement de deux grands appontements perpendiculaires aux quais actuels avec magasins, et permettant l'accostage simultané de quatre grands navires ;

2° Dragages à 9 mètres de profondeur et tout au moins pour commencer à 8 mètres dans la partie du port utile pour l'accès des navires aux appontements ;

3° Réparation de la conduite d'eau de la ville, y compris la consolidation ou la réfection du barrage de prise d'eau, de façon à permettre de fournir aux navires faisant escale une eau pure et abondante ;

4° Assainissement de la ville, dont la voirie laisse à désirer.

Le Conseil Général a voté un projet d'emprunt et a établi le programme ci-dessous, après avoir tenu compte des observations faites par le Comité des Travaux Publics du Ministère des Colonies :

Approfondissement de la rade.......... 750.000
Construction d'un wharf.............. 1.000.000
Réparation des quais................. 290.000
Construction d'un quai à charbon...... 550.000
Conduite d'eau de la Pointe-à-Pitre...... 353.000
Adduction d'eau de Basse-Terre........ 100.000
Personnel, dont un ingénieur chargé de l'exécution des travaux pendant trois ans........................... 132.000
Télégraphie sans fil (postes à Pointe-à-Pitre, Saint-Martin, Saint-Barthélemy, Désirade, Marie-Galante et les Saintes). 208.000
Achat d'immeubles appartenant à l'Etat et de terrains pour installer les stations de T.S.F. (Hôtel du Procureur général, caserne de gendarmerie de Basse-Terre, fort Fleur-d'Epée, fort Napoléon, etc.)............................ 106.000
Frais d'études pour le chemin de fer de la Grande-Terre.................... 20.000

Total........ 4.109.000

D'autre part, en vue de donner de l'extension au port de la Pointe-à-Pitre, le Conseil Général a décidé que l'eau sera livrée gratuitement aux navires qui feront escale à la Guadeloupe. De plus, cette assemblée a exempté de tous droits de pilotage et de navigation les navires (vapeurs, voiliers et autres) en relâche forcée, au mouillage provisoire (pendant cinq jours s'ils sont chargés, et pendant dix jours s'ils sont sur lest) et ceux venant se ravitailler, prendre un chargement de houille, se faire nettoyer ou réparer. Il a été également décidé que les animaux et marchandises qui donneront lieu à une simple opération de transit et de transbordement sont aussi exemptés de tous droits, — ce qui permettra à la Pointe-à-

Pitre, comme nous le disons plus haut, d'être un jour un grand entrepôt, un port de réexportation.

Tous ces projets sont soumis à l'approbation des Pouvoirs Publics, et, à la Guadeloupe, l'on ne s'explique pas certains retards frisant l'indifférence, alors qu'il s'agit d'une question ayant, chacun le reconnaît, un caractère national, alors que la colonie ne demande rien, absolument rien au budget de l'Etat, se contentant d'exécuter avec ses propres ressources les travaux indiqués par une mission officielle !

Pourtant, à maintes reprises, des promesses ont été faites à la tribune du Parlement. Parlant de l'aménagement du port de la Pointe-à-Pitre, un ministre des Colonies déclarait au Sénat (séance du 1er juillet 1911) — il y a déjà plus de deux ans — « qu'il y avait pour la France une nécessité impérieuse d'assurer cette entreprise. » La Chambre des Députés, dans sa séance du 23 décembre 1912, à l'unanimité, a voté un projet de résolution, accepté par le Gouvernement, disant qu'il y avait lieu de prendre, « dans le plus bref délai posible, toutes mesures nécessaires en vue de faire profiter le commerce national aux Antilles et dans les établissements français de l'Océanie, du vaste trafic mondial qui sera la résultante de l'ouverture prochaine du Canal de Panama ». Et, plus récemment, en mai 1913, en réponse à une interpellation de M. Henry Bérenger, sénateur de la Guadeloupe, le ministre des Colonies ne s'est-il pas engagé à réaliser le programme de travaux voté par le Conseil Général ?

Selon toutes probabilités, le Canal de Panama sera ouvert à la navigation en 1915. La France se sera-t-elle assuré, à ce moment-là, pour sa marine marchande, des escales dans l'Atlantique et dans le Pacifique ou sera-t-elle tributaire d'autres puissances ? Car, alors qu'elle affiche la plus coupable indifférence à l'égard de colonies qui ne lui demandent que son aide moral, d'autres plus avisés, l'Angleterre à la Jamaïque et à Sainte-Lucie ou les Etats-Unis d'Amérique à Porto-Rico, voire l'Allemagne, — oui, l'Allemagne ! — dans la petite île danoise de Saint-Thomas, s'apprêtent à tirer parti de ce que M. Paul Deschanel a appelé dans le *Journal*, « le grand courant d'affaires qu'entraînera la jonction de l'Atlantique et du Pacifique » !...

Paris, 10 Août 1913.

IMP. MORICE FRÈRES
PARIS
9, RUE DU MONT-DORE

30

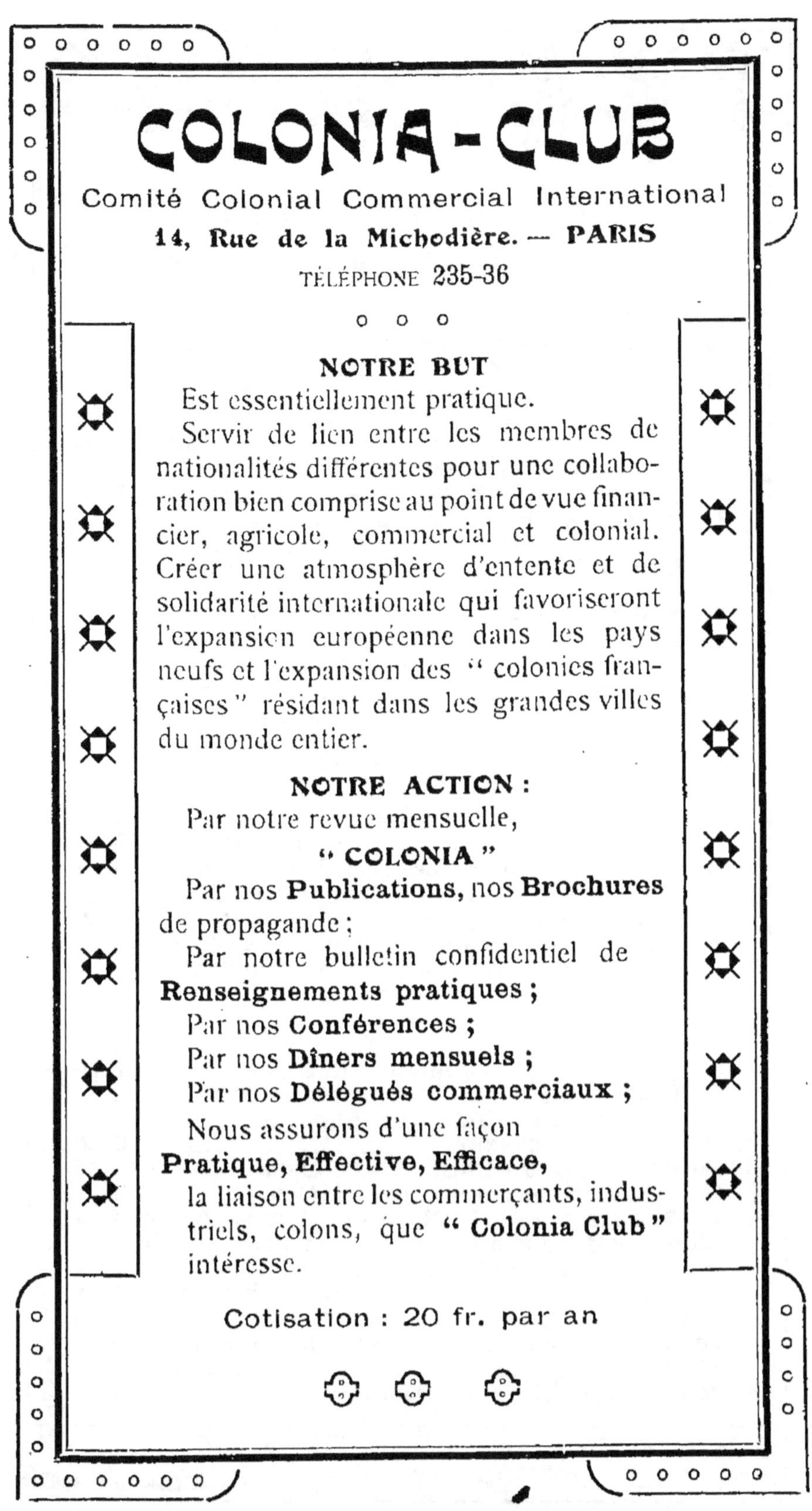

En vente à *Colonia*

57, Avenue de Suffren, 57 — PARIS

※ ※ ※